Watcyn Ddewr

Mae'r llyfr hwn yn eiddo i

___

___

___

Watcyn Ddewr
Cyfrinach Hapusrwydd gan Graffeg, 2022.

Cyhoeddwyd yn gyntaf gan Mladá Fronta,
Gweriniaeth Tsiec 2019.

Mae cofnod catalog CIP ar gyfer y llyfr hwn ar gael o'r Llyfrgell Brydeinig.

Mae'r cyhoeddwr yn cydnabod cefnogaeth ariannol Cyngor Llyfrau Cymru. www.gwales.com

ISBN 9781802581348

1 2 3 4 5 6 7 8 9

Eva Papoušková & Galina Miklínová

Watcyn Ddewr

GRAFFEG bach

Beth yw wombat?

Mae'r wombat cyffredin (*Vombatus ursinus*) yn bwtyn o anifail bach blewog iawn, llond ei groen, gyda choesau byr. Mae'n eithaf ciwt ac yn brin iawn. Mae'n byw yn Awstralia ac yn anifail sy'n cael ei warchod gan y gyfraith. Ond, mae wombat hefyd yn cael ei warchod gan ei ben-ôl cryf! Gall wombat droi ei ben-ôl solet at ei elyn a'i drechu! Dyna enghraifft wych o ba mor greadigol yw natur, a ffordd ddyfeisgar iawn gan y wombat o amddiffyn ei hun!

Mae sawl ffrind gan Watcyn y Wombat.

Un dydd, gofynnodd Ffred y Cangarŵ, Ani'r Ŵydd a Lisi'r Lygoden i Watcyn ddod allan i chwarae.

Cytunodd Mami Wombat ac i ffwrdd a fo.

‘Ond bydda’n ofalus,’ meddai Dadi Wombat. ‘Pan fyddi di’n mynd allan, cofia edrych yn ofalus. Mae ’na rhai anifeiliaid o gwmpas sy’n hoff iawn o lowcio wombatiaid.’

‘Ond sut fydda i’n gwybod pa rai?’ gofynnodd Watcyn.

‘Mae hynny’n rhywbeth rhaid i bob wombat ddysgu ar ei ben ei hun,’ meddai Dadi Wombat. ‘Un dydd, bydd rhaid i ti ddysgu sut i achub dy groen dy hun.’

Yna gwnaeth Dadi Wombat lwyth o siapiau amddiffynol, i ddangos i Watcyn.

I ffwrdd aeth Watcyn i'r goedwig ddu, heb ofn yn y byd... bron iawn. Gwenodd gan fod ei groen yn galed a'i flew yn fras – dylai achub ei groen fod yn gêm go hawdd felly.

Ar ôl ffeindio Ani, Ffred a Lisi, dechreuodd y ffrindiau chwarae mig. Tro Watcyn oedd hi i gyfri felly caeodd ei lygaid a dechrau canu cân fach:

'Un, dau, tri,
s'dim ofn gen i!
Pedwar, pump, chwech,
Dim byd yn drech
Saith ag wyth
S'dim rhaid aros llwyth
Tan naw a deg
Dwi'n rhedeg!'

Agorodd ei lygaid...

… ac yno roedd Lleucu’r Llwynog.

‘Haia, wombat bach!’ meddai hi, â’i gwên yn slei. ‘Croeso i ’nghartre i yn y goedwig ddu. Rŵan, beth am ddangos dy gartre’ di i mi?’

Rhewodd Watcyn.

‘Ond pam?’

‘Gan mai fi yw Lleucu’r Llwynog a gan mai fi sy’n dweud,’ meddai hi, yn dechrau gwylltio.

Doedd Watcyn ddim yn hoff o greaduriaid yn dweud wrtho beth i’w wneud, yn enwedig llwynogod.

Ond dyma'r gwir – roedd gan Lleucu gynllun.

Dychmygai lowcio Watcyn, ond yn fwy na hynny, roedd hi'n cynllunio llowcio'r teulu cyfan o wombatiaid blasus.

Anadlodd Watcyn yn ddwfn... arogl perygl oedd yno.

Teimlodd nerth yn ei goesau. Cododd gwallt ei ben. Roedd o hefyd yn medru gwneud siapiau, ac roedd o hefyd yn medru...

...RHEDEG!!!

Rhedodd a rhedodd nerth ei draed a gweiddi ar ei ôl,
'Byth bythoedd! Wnei di fyth fy mwyta i.'

Rhuthrodd Lleucu ar ei ôl. Gwibiodd Watcyn drwy'r goedwig gan igam-ogamu, a'r llwynog ar ei gynffon, yn agosach ac agosach nes bron cymryd brathiad blasus ohono...

... a dyna pryd teimlodd Watcyn yn ddewrach nag erioed. Stopiodd yn stond a gwthio ei ben-ôl enfawr, esgyrnog, cyhyrog i'r awyr!

Roedd hi'n rhy hwyr i Lleucu arafu.

CRASHHHH!!!

Yn ddannedd ac yn bawennau yn bob man, tarodd Lleucu ben-ôl y wombat bach, ac fel mae pob wombat yn gwybod, yno mae'r asgwrn caletaf yn ei gorff i gyd. Awch!

Wrth ddisgyn yn glep, collodd Lleucu ei awch am fwyd a llawer mwy...

...a phan geisiodd godi eto, dim ond cropian i ffwrdd allai hi wneud, a'i chynffon rhwng ei choesau.

Aeth Watcyn yn ôl at ei ffrindiau.

'Dwyt ti ddim yn chwilio amdanom ni Watcyn! Pam?' gofynnodd Lisi pan ddaeth Wactyn yn ôl o'i antur.

'Lle buest ti?' roedd Ani eisiau gwybod.

'O'r diwedd,' meddai Ffred, 'Rydw i wedi bod yn y llwyni yma am oes oesoedd, ac mae'r brigau'n codi goglais arna i!'

A dyna sut gafodd Watcyn o hyd i'w ffrindiau, heb chwilio hyd yn oed!

Y peth gorau oll oedd ei fod wedi dysgu rhywbeth. Weithiau mae'n well wynebu ofnau, wyneb yn wyneb. Wel, nid efo'i wyneb, yn union...